수학

잘하는 아이로 키우는

47가지 방법

SolerntmeinKindlogisch-mathematischdenken

by Dimitris Matzarakis

Copyright ⓒ Verlag Herder Freiburg im Breisgau 2007

All rights reserved.

Korean Translation Copyright ⓒ 2009 BC School Publishing Co.

Korean edition is published by arrangement with Verlag Herder through Corea
Literary Agency, Seoul

맞벌이 부부를 위한 자녀 교육서 1

수학 잘하는 아이로 키우는
47가지 방법

지은이 디미트리스 마차라키스 | 옮긴이 차재완 · 이현승
초판 1쇄 2009년 6월 20일 | 펴낸곳 비씨스쿨 | 펴낸이 손상열 | 디자인 송인숙
등록번호 제 303-2004-36호 | 등록일자 1992년 2월 18일
주소 서울시 구로구 구로5동 107-8 미주오피스텔 2동 808호 | 전화 02)323-7243
팩스 02)323-7244 | e-mail foxshe@hanmail.net | ISBN 978-89-91714-22-9 13700

ⓒ 디미트리스 마차라키스

수학

잘하는 아이로 키우는

47가지 방법

비씨스쿨

● 지은이 **디미트리스 마차라키스**

디미트리스 마차라키스는 교육학자이자 학습 트레이너입니다. 어린이들의 수학적 능력 향상에 오랫동안 노력을 기울여왔으며, 현재 프랑크푸르트에 있는 구몬 학습센터의 수학 담당 부서를 이끌고 있습니다.

● 옮긴이 **차재완**

홍익대학교 독어독문학과를 졸업하고, 첫 사회생활로 종로서적과 인연을 맺은 후 지금껏 책과 함께 지내고 있습니다. 옮긴 책으로 『으르렁쟁이 강아지』(파란하늘), 『하나님, 제 기도를 들어주세요』(여우오줌)가 있습니다.

● 옮긴이 **이현승**

베를린 자유대학에서 석사 과정(독문학 전공, 철학 · 교육학 부전공)을 수료했습니다.

이 책을 읽는 부모님들께

수학이 어려운가요? 아마도 많은 부모님들이 이 질문에 쉽게 고개를 끄덕일 것입니다. 하지만 그건 잘못된 생각일 수 있습니다. 수학은 우리의 생활과 아주 밀접한, 쉽고 재미있는 분야입니다. 차이는 바로 학습 방법에 있습니다. 이 책에 있는 것들을 당신이 실천할 수 있다면, 당신의 아이는 즐겁게 수학과 함께 성장할 수 있을 것입니다.

아이들은 일정한 나이가 되면 학교에 가서 수학을 배우게 됩니다. 이를 위해선 특별한 인지능력이 필요합니다. 여러분의 아이들은 유용한 수학적 능력을 키울 수 있습니다. 사물을 특징에 따라서 나누는 능력, 양과 크기를 올바르게 판단하기, 행위를 계획하는 것, 기억력, 공간지각능력, 그리고 숫자에 대한 감각 등이 여기에 포함됩니다. 그러한 능력은 학교에

서의 학습을 성공적으로 이끌기 위한 전제조건들입니다. 이 책을 통해 여러분은 아이들이 이러한 능력들을 키울 수 있도록 돕는 방법을 알게 될 것입니다.

수학은 결코 무미건조하거나 따분한 것이 아닙니다. 수학은 흥미진진한 모험과 같은 것입니다. 수학은 배움의 즐거움을 더해줍니다. 수학은 감각을 자극해 아이들을 더욱 창의적으로 만들어줍니다. 이제 아이와 함께 확인해보세요.

디미트리스 마차라키스 드림

Part 5 당신은 수학을 어떻게 대하고 있는가?

내 아이는 논리수학을
잘할 수 있는가?

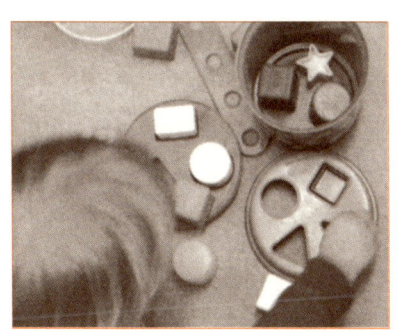

아이들은 형태와 숫자에 관심이 많습니다. 그들은 기준이 되는 표본(sample)을 좋아하고 그와 닮은 사물을 찾아내기도 합니다. 그러는 동안 아이들은 중요한 수학적 개념들을 스스로 깨닫게 됩니다.

마르셀은 엄마와 함께 자신
의 다섯 번째 생일상을 차리고 있습니다. 8명의 친구들을 초대
했고, 여동생도 생일파티에 참석하므로 모두 10명이 커다란
생일상 앞에 앉게 되리라는 것을 스스로 계산할 수 있습니다.

그는 생일상에 어떻게 앉을 것인지도 정합니다. 직사각
형의 생일상 긴 쪽에는 3명씩 앉고, 짧은 쪽에는 2명씩 앉게
합니다. 마르셀은 3명으로 된 2개의 그룹과 2명으로 구성된
2개의 그룹을 생각합니다. 마르셀의 머릿속에는 아이들이 마
치 거울에 비친 것처럼 마주보고 앉은 모습이 떠오릅니다.

그는 각각의 자리에 과자 접시를 놓고, 접시 오른쪽에
냅킨을 놓습니다. 어머니는 냅킨을 멋진 모양으로 접어서 파
티 분위기를 내보라고 합니다. 마르셀은 환한 웃음을 지으면
서 엄마에게 접는 법을 알려달라고 합니다. 마르셀은 엄마를

따라 첫 번째 냅킨 접기를 시도해보지만 마음대로 되지 않습니다.

"넌 잘할 수 있어."

엄마는 용기를 북돋우면서 다시 접어보도록 격려를 합니다. 마르셀은 두 번째 냅킨을 집어듭니다. 이번에도 역시 원하는 대로 접히지 않습니다. 마르셀은 갑자기 화를 내며 냅킨을 구겨버립니다. 그는 어머니의 제안이 별로 좋지 않다며 각각의 접시 옆에 접지 않은 냅킨을 하나씩 놓습니다.

빵을 굽는 판 위에는 갓 구워낸 과자들이 놓여 있습니다. 마르셀은 그 과자들을 그릇에 옮겨 담아 상 위에 올려놓습니다. 그런데 그릇 안에 있는 과자의 수가, 원래 판 위에 있을 때보다 적어 보입니다. 마르셀은 실제로 수가 줄어든 건지, 그렇게 보이기만 하는 건지 궁금해집니다.

마르셀은 이미 1부터 10까지의 수를 능숙하게 셀 줄 압니다. 그는 생일파티에 모인 아이들의 수를 말할 수 있습니다. 즉, 8명의 손님들과 자기 자신 그리고 누이를 합해 '10'이라는 숫자로 묶을 수 있습니다. 그리고 이를 다시 3명으로 구성된 2개의 그룹과 2명으로 구성된 2개의 그룹으로 분할할 수 있습니다. 여기에는 더하기와 곱하기의 수학적 원리가 있습니다. 또한 좌석배치에서 '반사의 법칙'*을 발견할 수도 있습니다. 이러한 법칙과 원리들은 표본과 규칙성을 발견하는 데 도움을 주는 것들입니다.

마르셀은 정렬하는 방식에 따라 그 수가 변하지는 않는다는 사실을 아직 모릅니다. 마르셀처럼 어린아이에겐 당연한 일입니다. 주목할 것은, 마르셀이 과자의 양이 실제로 변했을까 하고 자문했다는 점입니다. 호기심과 질문은 학습의 중요한 전제조건입니다.

마르셀은 아직도 새로운 것에 익숙해지는 데 어려움을 가지고 있습니다. 냅킨을 접을 때 참을성이 없었습니다. 일찍 포기하지 않는 습관을 길러야 합니다. 수학에는 끈기가 필요한데, 학교에서 내주는 과제를 항상 단번에 해결할 수는 없기

---

*반사의 법칙 principle of reflection

굴절률이 다른 두 매질의 경계면에서 빛이 반사될 때 반사광과 입사광은 반사면 내에 있으며 입사각과 반사각은 같다는 법칙. 일상에서 거울에 비친 빛을 보면 쉽게 이해할 수 있다. 광선이 거울에 진입하면 반사의 법칙에 의해 빛이 반사된다. 반사가 일어날 때 광선의 입사각과 반사각은 정확하게 일치하고, 이를 '반사의 법칙' 이라고 한다.

때문입니다.

이처럼 일상에서의 행동을 통해 아이의 수학적 기능을 판단해볼 수 있습니다. 다음을 참고하여 아이들을 관찰한다면, 아이들이 어느 면에서 강점을 가지고 있고 어떤 분야에서 개발 가능성이 남아 있는지를 좀 더 구체적으로 판단할 수 있습니다. 놀이나 청소처럼 일상적인 상황은 이를 관찰하기에 좋은 기회입니다. 테스트를 위해 몇몇 상황들은 연출되어야 하는데, 왜냐하면 일상에서는 잘 관찰할 수 없는 수학적 영역이 있기 때문입니다. 만약 여러분과 아이가 이러한 연출 상황에 호감을 갖게 된다면, 일상적인 상황과 마찬가지로 자연스럽게 수학적 기능을 보여줄 수 있을 것입니다.

🌿 아이들을 대상으로 한 테스트

정리/분류

1. 블록 혹은 레고 조각을 색, 형태 혹은 크기에 따라서 분류합니까?

☐ 예   ☐ 아니오

2. 그림 장면 조각을 이야기 순서대로 나열할 수 있습니까?

☐ 예   ☐ 아니오

3. 사물을 지칭하는 포괄적인 용어를 사용할 수 있습니까?
   (예 : 동물, 과일, 장난감……)

☐ 예   ☐ 아니오

수량/크기의 판단

4. 많고 적음의 차이를 한눈에 알아차립니까?

☐ 예   ☐ 아니오

5. 두 가지의 다른 행동을 했을 때, 어떤 것이 더 오래 걸렸는
   지를 말할 수 있습니까?

☐ 예   ☐ 아니오

6. 과자의 배열을 달리 하더라도, 전체 개수는 변하지 않는다
   는 것을 압니까?

☐ 예   ☐ 아니오

7. 사물이 배열된 규칙을 알아차리고 뒤이어 배열할 수 있습니까?

☐ 예　　　　　☐ 아니오

8. 새로운 놀이의 규칙을 빨리 이해합니까?

☐ 예　　　　　☐ 아니오

9. 낯선 건물 혹은 낯선 주위 환경에 빨리 적응합니까?

☐ 예　　　　　☐ 아니오

10. 앞/뒤, 위/아래, 오른쪽/왼쪽과 같이 방향을 가리키는 표현을 바르게 사용합니까?

☐ 예　　　　　☐ 아니오

11. 기하학적인 형태(사각, 원형)와 기하학적인 물체(주사위, 공)를 구별합니까?

☐ 예　　　　　☐ 아니오

12. 물건의 수를 열까지 셀 수 있습니까?

☐ 예　　　　　☐ 아니오

13. 2개의 주사위를 던진 후, 나온 수를 합산할 수 있습니까?

　　☐ 예　　　　　　☐ 아니오

14. 10부터 거꾸로 셀 수 있습니까?

　　☐ 예　　　　　　☐ 아니오

인과관계의 인식/계획하기

15. 두 가지 행위 간 인과관계를 이해합니까?

　　☐ 예　　　　　　☐ 아니오

16. 행동을 계획하고 각각의 단계를 명명할 수 있습니까?

　　☐ 예　　　　　　☐ 아니오

기억력/집중력

17. 노래나 시를 빨리 외웁니까?

　　☐ 예　　　　　　☐ 아니오

18. 세 단계로 이루어진 작업 지시를 기억하여 수행할 수 있습니까?

　　☐ 예　　　　　　☐ 아니오

관심/호기심

19. 무엇을 알기 위해 자주 질문을 합니까?

　　☐ 예　　　　　　☐ 아니오

20. 새로운 것을 기꺼이 해봅니까?

☐ 예 ☐ 아니오

지구력/인내심

21. 긴 시간 동안 한 가지 행동에 몰두할 수 있습니까?

☐ 예 ☐ 아니오

22. 무엇인가 갑자기 잘되지 않을 때, 그것을 해내기 위해 여러 가지 시도를 합니까?

☐ 예 ☐ 아니오

자신감

23. 무언가를 성공시켰을 때, 여러분의 아이는 그에 대해 기뻐합니까?

☐ 예 ☐ 아니오

24. 어떤 것이 좋은 것인가를 확실히 인식하고 있습니까?

☐ 예 ☐ 아니오

평가

만약 많은 항목에서 "예"라고 대답했다면 여러분의 아이들은 논리수학적인 사고를 형성하는 몇몇 영역에서 이미 특정한 능력을 가지고 있는 것입니다.

학교에 입학하기 전에 아이들은 이미 많은 경험을 쌓습니다. 그것은 누가 시키지 않아도 자연스럽게 이루어집니다. 경험에 의한 학습효과는 아이들마다 다르게 나타납니다. 즉, 아이들은 이미 결정된 어떤 도식(圖式)에 따라 발전하지 않습니다.

어떤 아이들은 5살 때 벌써 20까지 셀 수 있습니다. 또 어떤 아이들은 기하학적인 표본을 그리거나 매우 빨리 새 노래를 익힐 수 있습니다. 무언가를 할 때 인내심을 갖고 행하며 자신의 능력을 매우 정확하게 아는 아이들이 있습니다.

따라서 만약 항목의 절반 이상에서 "아니오"에 해당된다 하더라도 불안해할 필요 없습니다. 이 책을 통해 어떻게 하면 당신의 아이들이 가진 능력을 확장시키고, 아이들이 어려워하는 영역을 발전시킬 수 있는지에 관한 조언을 얻을 수 있을 테니까요.

모든 아이들은 논리수학적인 사고를 습득하기까지, 각자 자신에게 맞는 시간을 필요로 합니다. 당신은 아이들이 자기 능력을 지속적으로 키워나갈 수 있도록 도와야 합니다. 동시에 중요한 것은, 당신의 아이가 논리수학적 사고를 발달시키고 있다는 점에 주의를 기울이는 것입니다. 논리수학적 사고와 결합된 놀이는 당신의 아이들에게 숫자를 즐겁고도 효과적으로 다룰 수 있는 좋은 기회를 제공합니다.

논리수학은 초등학교 입학을 위한 필수조건인가?

아이들은 입학 전에 놀이를 통해서 논리수학에 필수적인 요건들을 습득할 수 있습니다. 그런 아이들은 학교에서 좋은 성과를 내기도 쉽습니다.

아이들에게 요구하기 전에 알아야 할 것들

아이들이 초등학교에 가기 전까지는 수학적인 능력을 습득할 수 없다는 견해는 여전히 널리 퍼져 있습니다. 여기서 말하는 '수학적인 능력'이란 사칙연산과 같은 단순한 계산능력을 의미하지 않습니다. 복잡한 계산을 위해서는 그 안에 있는 원리를 이해하는 것이 중요합니다. 아이들은 그러한 원리를 학교에서의 체계적인 수업을 통해서 비로소 배우게 됩니다. 하지만 아이의 능력이 학교에 입학하는 순간, 갑자기 생기는 것은 아닙니다. 언어영역이나 다른 자연과학 분야가 그렇듯이 수학도 마찬가지입니다. 취학전 아이들에게 수학적인 능력이란, 수학적인 사고를 이끌어주고, 촉진시키는 특정한 예비지식을 의미합니다.

이러한 예비지식은 다양한 형태로 나타납니다. 예를 들어 초등학교 1학년 아이들 중에는, 2학년 학생처럼 능숙하게 계산을 하는 아이가 있는가 하면, 아직 20까지도 외워서 말할 수 없는 아이도 있습니다. 이처럼 입학한 아이들이라고 해도 수학적인 능력은 천차만별입니다. 따라서 모든 아이들은 개별적으로 취급되어야만 합니다. 어떤 아이는 겨우 12까지만 외울 수 있지만 20개의 블록을 문제없이 셀 수 있습니다. 많은 아이들이, 수를 외우는 것보다 구체적인 사물을 세는 것을 더 쉽게 여깁니다.

아직 학교에도 가지 않은 아이들이 숫자를 완벽하게 외워서 말하는 것은 쉬운 일이 아닙니다. 아이들은 완전한 수학적 개념을 갖고 학교생활을 시작하지 않습니다. 그럼에도 불구하고 많은 어른들이 이제 막 학교에 첫발을 내디딘 아이들에게, 특별한 능력을 요구합니다.

아이들의 예비지식은 '선행능력'이라는 개념으로 요약됩니다. 선행능력을 통해 학습능력이 활성화됩니다. 취학전 아이들은 호기심과 탐구심을 불러일으키는 다양한 놀이를 통해 이러한 선행능력을 키울 수 있습니다. 선행능력 중 중요한 것들은 다음과 같습니다.

정리/분류

사물들은 어떤 기준에 따라 그룹으로 나뉠 수 있습니다. 이를 알기 위해서는 사물들의 유사성과 차이점을 인식하는 것이 중요합니다. 이러한 인식능력은 아이들이 나중에 짝수와 홀수 같은 수학적인 개념들을 보다 쉽고 빠르게 이해할 수 있게 해줍니다. 뿐만 아닙니다. 예를 들어, '3으로 나누어지는 숫자들'과 같이 좀 더 발전된 수학적 개념에 대한 기초를 마련해주거나, 이후에 배우게 될 양수(陽數, 0보다 큰 수)와 음수(陰數, 0보다 작은 수)에 대한 이해를 가능하게 해줍니다.

여러 가지의 재료(material)들을 공통점에 따라 정리하는 것은 더하기 연산을 위한 기초가 됩니다. 왜냐하면, 공통점을 가진 것들만이 유효하게 합쳐질 수 있기 때문입니다.

숫자에는 특정한 규칙들이 있습니다. 각각의 숫자들은 앞의 숫자와 뒤의 숫자를 가지고 있습니다. 아이들이 이러한 원칙들을 이해했다면, 숫자 나열을 바르게 지속할 수 있고, 연속선 위에서 특정한 숫자를 바른 곳에 위치시킬 수 있습니다. 이러한 배열의 원칙을 아는 것은 십진법의 이해를 위한 중요한 전제조건입니다.

수량 개념

수량은 수학에서 중요한 역할을 합니다. 아이들은 수량을 올바르게 측정하고 비교하는 것을 배워야 합니다. 연습을 통해서 아이들은 수량의 크기와 힘을 빨리 파악하는 것을 배울 수 있습니다. 대부분의 입학 직전 아이들은 4개 혹은 5개의 수량을 세어보지 않고 바로 파악할 수 있습니다. 이러한 능력은 나중에 반올림이나 반내림 그리고 숫자의 크기를 어림잡을 때 도움이 됩니다.

일정한 수량의 대상물은 다르게 정리한다고 해서 그 수가 바뀌지 않습니다. 이러한 불변성에 대한 통찰은 아이들이 질적 변화 없이 수량을 재편성하는 것을 돕습니다. 이러한 개념은 후에 배울 방정식에 적용됩니다.

일대일 관계

2개 이상의 수량을 비교하려면 종종 일대일 관계가 형성 돼야 합니다. 또한 한 수량을 구성하는 요소와 다른 또 하나 의 수량을 구성하는 요소 사이에 비교관계가 성립되어야 합 니다. 대상물을 셀 때, 아이들은 이러한 관계를 파악하는 능 력을 사용합니다. 만약 아이들이 대상물의 수량을 단 하나의 숫자에 대응시켜야 한다는 사실을 명확하게 이해하고 있다 면, 수를 잘못 세는 경우는 거의 없을 것입니다. 수를 잘못 세 는 경우는, 이를테면 같은 대상물을 두 번 이상 세거나 건너 뛸 때 일어납니다.

공간지각능력/상상력

공간지각능력이 좋은 아이는 특히 기하학을 잘할 수 있 습니다. 이 아이들은 기하학적인 형태들을 평면과 공간에서 인식할 수 있고 그것들의 위치를 바꿀 수 있으며, 상상하는 것을 종이 위에 그릴 수 있습니다. 공간에 대한 상상력은 수의 범위와 십진법을 확실하게 다루는 데에 도움이 됩니다. 간단한 암산은 물론 복잡한 연산에도 이런 상상력이 동원됩니다.

이러한 능력이 떨어지면 숫자를 잘못 읽거나 잘못 쓰는 실수를 할 수도 있습니다. 사칙연산 기호를 혼동하거나 계산 방향에 대한 착오로 잘못된 결과를 얻게 되거나, 수직선상에 숫자를 배열할 때 불안정함을 보일 수 있습니다.

수의 개념

아이들에게 수의 개념을 주입시킬 필요가 없습니다. 아이들은 스스로 사물의 수를 세게 됩니다. 세계는 숫자로 둘러싸여 있습니다. 그러므로 아이들이 자발적으로 숫자를 다루려고 시도하는 것은 매우 당연한 일입니다. 대부분의 아이들은 5세 무렵 열까지 셀 수 있게 됩니다. 하지만 이와 같은 사실이, 어떤 구체적인 수량을 특정 숫자와 결합시키는 능력이 충분히 발달했다는 것을 의미하는 것은 아닙니다. 물건을 세는 것은 겉보기에는 간단해도, 매우 복잡한 과정을 통해 이루어집니다. 아이들은,

✓ 숫자를 알게 되고,

✓ 이러한 숫자를 순서대로 외워서 말하게 되고,

✓ 각 물건에 하나의 숫자를 붙이고,

✓ 그럼으로써 같은 물건을 두 번 세지 않게 되고,

✓ 제일 나중에 말한 숫자가 물건의 총수라는 것을 알게 되고,

✓ 물건의 배열 방식이 숫자에 영향을 미치지 않는다는 것을 깨달았기 때문에,

능숙하게 물건의 수를 셀 수 있는 것입니다.

표본, 규칙 그리고 추상적인 관계의 인식

수학에서 항상 요구되는 것은 구체적인 사실에서 추상적인 원리를 도출하는 능력입니다. 이를 위해서는 반복되는 표본과 이들 간의 유사성을 찾아내는 것이 중요합니다. 수많은 과제들에서 같은 유형을 파악하고 규칙성을 발견했을 때, 아이들은 거기서 일반적으로 유효한 원리를 찾아낼 수 있습니다. 이와 같이 아이들은 경험을 통해 얻은 사실들에서 규칙성을 발견하여 이를 추상적으로 표현하는 것을 배웁니다. 또한 이렇게 해서 얻은 원리를 역으로, 구체적인 상황에 적용시키기도 합니다.

인과관계의 인식

기능적 연관성에 대한 인식은 논리적인 사고를 위한 기초입니다. 초등학교 1학년 정도라면 간단한 인과관계를 이해하고 명확하게 표현할 수 있습니다. 즉, '비가 오면 바닥이 젖는다' 혹은 '때 맞춰 옷을 입지 않으면, 엄마는 장보러 갈 때 나를 데려가지 않을 것이다' 와 같은 사실을 이해할 수 있습니다.

기억력과 집중력

학교생활을 시작하는 아이에게는 최소한의 기억력이 필요합니다. 즉, 여러 단계로 구성된 과제를 기억하여 실행할 수 있어야 합니다. 예를 들면, "신발을 신고 모자를 쓰고, 양동이와 삽을 들어야 놀이터로 갈 수 있단다"와 같은 말을 기억하고 실행하는 것입니다. 그러려면 아이는 우선 주의 깊게 경청해야 하고 개개의 부분 단계를 기억해야 합니다. 마찬가지로 학교에서 계산 과제를 성공적으로 수행하려면 계산의 각 과정이나 따로 선생님이 일러준 내용을 잘 기억해둬야 합니다.

지금까지 언급한 선행능력들은 수학의 영역에서 중요한

것들입니다. 이밖에도 인간의 보편적인 본성이지만, 수학에 특히 도움이 되는 몇 가지 특성들이 있습니다.

잘 알려져 있다시피 모든 위대한 발견의 뒤에는 바로 '호기심'이 있습니다. 모든 아이들은 이러한 호기심을 타고납니다. 그들은 자신의 주변을 가능한 한 정확하게 조사하고, 또 알고 싶어합니다. 아이들은 자신이 발견한 사물과 사건들에 큰 관심을 가집니다. 아이들의 잠재력을 일깨우기 위해서라도 그들의 호기심을 몇 번이고 되풀이해서 북돋는 것이 중요합니다.

어떤 일을 시작했다고 해서 곧바로 성공으로 이어지지 않는다는 것을 우리는 잘 알고 있습니다. 하지만 아이들은 다릅니다. 어려움에 직면했을 때 쉽게 포기하지 않게 하기 위해서는 어른들의 격려가 필요합니다. 아이들에게 필요한 것은 바로 인내와 끈기입니다.

아이들은 어떤 문제를 잘 처리할 수 있도록 매진할 수 있게끔 격려를 받아야 합니다. 그래야 성취감을 느낄 수 있습니다. 성취감이야말로 한 단계 높은 학습을 위해 꼭 필요한, 없어서는 안 될 소중한 자산입니다.

특히 중요한 것은 아이들이 자신감을 가져야 한다는 것입니다. 그것은 아이들이 자신의 능력을 인식할 수 있게 해주어, 퇴보와 좌절에 보다 잘 대처할 수 있게 합니다. 긍정적인 자아상(自我像)은 성공적인 학교생활을 위한 전제조건입니다.

요 약

세심하고 신중하게 아이들의 발달을 관찰하면, 우리가 아이에게 도움을 줄 수 있는 영역들을 발견하게 됩니다. 초등학교에서 배워야 할 것들을 미리 배우는 건 사실 중요하지 않습니다. 취학전 아이들에게 있어 보다 중요한 것은 자신감을 갖고, 자기 능력을 깨닫게 하는 것, 발견의 기쁨을 누릴 수 있게 하는 것들입니다. 이렇게 자라난 아이들은 언젠가 겪게 될지도 모를 성적부진과 같은 학교생활의 부정적인 경험들을 성공적으로 극복할 수 있을 것입니다.

논리수학에 대해
당신이 꼭 알아야 할 것들

논리수학 능력은 타고나는 것인가? 아니면 노력하여 성취할 수 있는 것인가? 수학적인 사고는 다양한 분야의 사고능력들이 모여서 이루어집니다. 이러한 사고능력들은 이른바 '논리적인 사고' 라는 개념으로 총칭할 수 있습니다.

'논리적인 사고' 없이 수학은 불가능합니다. '논리(論理)' 란 간단히 말해서, 유효한 규칙을 토대로 모순되지 않게 사고하는 능력을 말합니다. 하지만 이러한 일반적인 정의로는 '논리적인 사고' 라는 개념을 충분히 설명하지 못합니다.

논리적인 사고란?

논리적인 사고는 다음 네 가지 요소로 구성됩니다.

첫 번째 '삼단논법'은 인과관계에 따라 결론을 이끌어낼 때 사용됩니다. 두 번째, 일반적인 원리들로부터 추론하거나, 구체적이고 개별적인 경우로부터 규칙을 세우는 것을 '귀납법'이라고 합니다. 세 번째는 반대로, 구체적인 경우에 대해 일반적인 원리를 적용하는 것으로 '연역법'이라고 합니다. 마지막 네 번째가 '추상화 능력'입니다. 논리적인 사고는 대상과 상태 그리고 그것의 특성을 기호로 대체할 수 있는 능력을 필요로 합니다.

아이들이 이러한 능력을 더 많이 사용하면 할수록, 의욕과 기쁨은 커질 것입니다.

논리수학 계발법

논리력은 끊임없는 학습을 통해 생깁니다. 아이들은 적극적으로 주변 세계를 탐구하고 이해하고자 합니다. 이 과정에서 그들은 통찰을 위한 사고의 네트워크를 구축합니다. 그들의 두뇌 속에서는 최초의 표본, 구조 혹은 정신적인 모델, 즉 논리수학적인 사고를 위한 기초들이 생성됩니다.

논리적인 사고는 2세(24개월, 이하 모두 만 나이) 무렵부터 발달됩니다. 이 시기가 되면 아이들은 간단한 인과관계, '비가 오면, 풀밭이 젖는다'에 담긴 논리적인 연관성을 이해할 수 있습니다.

3세 정도가 되면, 조용히 하라는 의미로 집게손가락을 입술 위에 갖다대는 것처럼, '상징으로서의 몸짓'을 통해 무언가를 표현하는 능력을 발전시킵니다.

대략 4세가 될 때까지 아이들은 수학적인 원리와 관계된 많은 경험들을 쌓게 됩니다. 다양한 활동을 통해 자기 몸의 크기를 알게 되며, 공간 내의 여러 위치(책상 아래, 침대 위 등)에서 자신을 경험합니다. 그들에게는 수많은 대상들과 그 대상들의 특성을 탐구할 수 있는 기회가 있습니다. 놀이도구에서 기하학적인 형태를 발견하게 되고, 숫자를 소재로 한 노래(예를 들면 '곰 세 마리'나 '열 꼬마 인디언' 같은)를 부르며 수를 익힙니다. 그들은 놀이를 통해 자연스럽게 수학을 경험합니다.

3세부터 7세까지 아이들은 자신이 경험한 것들로부터 논리적인 세계상을 발전시킵니다. 그들은 자신에게 일어나는 현상들을 설명하고자 노력합니다. 이 시기의 아이들은 모든 대상물들은 생명이 있으며, 의식을 가지고 있다고 생각합니다(애니미즘, animism).

대략 8세 무렵부터 아이들의 사고는 논리적으로 보다 복잡해지며, 체계적으로 변합니다. 그들은 주변의 대상을 집중적으로 탐구하고, 더 많은 특성들을 발견합니다. 이러한 특성들 중 몇몇은 변화에 관한 것입니다. 예를 들면 사물의 형태가 일정하지 않고 그때그때 변하는 경우가 있습니다. 찰흙이나 물통에 담긴 물 등이 그렇습니다. 이 경우 외부적 요인에 따라 형태는 바뀌지만 그 무게와 부피는 변하지 않습니다.

아이들은 사물이나 행위를 직접적으로 관찰하다가 점차, 사물과 행위를 상상할 수 있게 됩니다. 실제로 보지 않고도

'비가 내리면 잔디가 젖는다'는 사실을 상상할 수 있게 됩니다. 하지만 이 시기에는 구체적이고 생생한 상황에 비해 기호로서의 몸짓이나 상징은 상대적으로 이해하기 어렵습니다.

10~12세의 아이들은 비로소 구체적인 사고에서 추상적인 사고로의 전환에 성공합니다. 이제 구체적인 숫자들을 변수(예컨대 $x+1=3$에서 x의 값은 2이지만 $x+2=3$에서 x의 값은 1인 것처럼, 어떤 관계나 범위 안에서 여러 가지 값으로 변할 수 있는 수)로 대체할 수 있습니다. 이 시기의 아이들은 수학공식을 사용하여, 일반적인 것으로부터 특수한 것을, 혹은 반대로 특수한 것에서 일반적인 것을 추론하기 시작합니다.

그러나 이러한 인지적 발달이 나이순으로 일정하게 진행되는 것은 아닙니다. 즐거운 놀이를 통해 일찌감치 수학의 세계를 접하고, 기꺼이 자발적으로 학습했다면 초등학교 1학년생도 추상적인 사고의 처리가 가능합니다. 아이들의 호기심과 의욕을 불러일으킬 수 있는 적절한 교수 방법과 어른들의 격려가 있다면 저마다 갖고 있는 잠재력은 무한히 확장될 수 있습니다.

수학을 잘하는 유전자는 따로 있나요?

재능이 전적으로 타고나는 것일까요? 그럴 수도 있습니다. 예를 들어, 다른 아이들보다 더 빨리 인과관계를 파악하고 추론할 수 있는 아이가 있습니다. 이 아이는 정말 논리수학적 재능을 타고난 것처럼 보입니다. 그렇다면 나머지 아이들은 어떨까요? 그런 능력이 아직 보이지 않는 아이들은 모두 논리수학적 재능을 타고나지 못한 불행한 아이들이라고 봐야 할까요? 그렇지 않습니다. 재능은 타고난다는 가정이 너무도 많은 아이들을 심각한 '열등생'으로 만듭니다. 당연한 말이지만 어떤 아이가 특별한 영역에서 재능을 보인다는 사실이 나머지 아이들이 그 영역에서 열등하다는 것을 의미하지는 않습니다. 하지만 종종 어른들은 이 사실을 망각합니다. 아이들에게는 언제나 시간과 연습이 필요합니다. 경험적으로 볼 때, '타고난 능력'보다 중요한 것은 논리적인 사고를 훈련할 수 있도록 자극을 줄 수 있는 '환경'입니다.

오랫동안 사람들은 위대한 학자나 예술가들의 뇌가 특별하다고 믿어왔습니다. 다른 식으로는 그들의 '천재성'을 설명할 수 없다고 생각했기 때문입니다. 그러나 수많은 연구에도 불구하고 '천재'들의 뇌와 일반인의 뇌는 특별한 차이가 없었습니다. 훌륭한 수학자들 역시 태어날 때부터 논리적인 사고와 수학에 특별히 적합한 뇌를 가지고 있지 않았습니다. 오히려 최근의 연구를 통해 우리는 정보의 전달을 담당하는 신경세포인 뉴런(neuron)이 학습과정을 통해 변할 수 있다는 사실을 알게 되었습니다. 논리적 사고는 정보전달에 중요한 역할을 담당하는 신경의 유연성, 즉 뉴런의 능력과 관련되어 있습니다.

뉴런과 뉴런 사이에는 이들을 연결해주는 연접부, 즉 시냅스(synapse)가 있습니다. 뉴런을 통해 인간은 외부에서 주어지는 자극을 종합하고 반응할 수 있습니다. 정보의 전달은 뉴런에서 보내지는 전달물질(transmitter)이 담당합니다. 정보를 받는 뉴런은, 전달물질을 수용하여 그 정보를 다음 뉴런으로 전송하기 위한 수용체(receptor)를 가지고 있습니다. 정보가 많아질수록 더 많은 전달물질이 발생하고 보다 많은 수용체들이 활성화됩니다. 정보들은 더욱 빨리 전달될 뿐만 아니라, 더 쉽게 장기기억(long-term memory)에 저장됩니다.

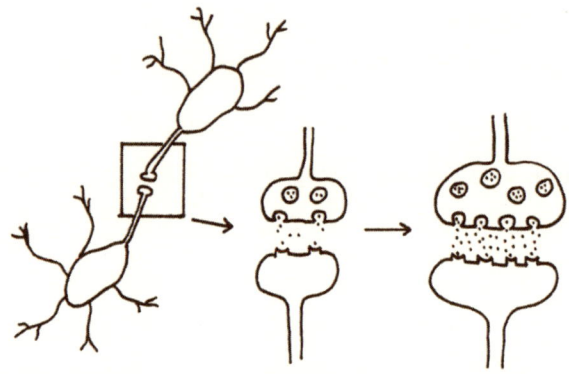

두 뉴런 사이의 연접부를 시냅스라고 한다. 그림 중간 : 비활성 시냅스, 오른쪽 : 활성화된 시냅스

아이들의 학습과 관련하여 흥미로운 사실은, 수학을 자주 그리고 즐겁게 공부한다면, 그들 중 대부분은 '수학적인 뇌'를 갖게 될 것이라는 점입니다. 그렇게 되면 아이들은 수학에 점점 더 쉽게 다가서게 될 것입니다. "천재는 1%의 영감과 99%의 노력으로 만들어진다"는 유명한 말이 있습니다. 하는 일 없이 게으름을 피우다가도 갑자기 영감을 얻어 탁월한 성취를 보이는 천재의 이미지는 왜곡된 것입니다. 중요한 것은 '노력이 대가(大家)를 만든다'는 사실입니다.

신경생물학적인 연구는, 논리수학적인 사고를 가능케 해주는 복잡한 과정들이 뇌의 여러 부분들에 의해 실행된다는 사실을 보여줍니다. 수학이 종합적인 사고를 요구한다는 점을 생각해보면 쉽게 이해할 수 있을 것입니다.

　　수학적인 구조들은 뇌에서 언어적으로나 공간적으로 재현될 수 있습니다. 취학전 아이들을 격려할 때, 그들의 언어능력, 공간지각능력 그리고 상상력을 형성시키는 것에 역점을 두는 것이 매우 중요합니다.

　　뇌가 활동을 많이 할수록, 경험은 더 많이 기억으로 저장되고, 이는 다양한 사고 기능 증진을 위한 토대가 됩니다. 인간 뇌의 발달이 특히 초기에 이루어진다는 점을 고려한다면, 아이들이 다양한 감각을 활성화하여, 주변을 탐색하고 연구할 수 있는 환경을 제공해야 한다는 결론을 얻을 수 있습니다.

남자아이들이 여자아이들보다 수학을 더 잘하나요?

널리 퍼져 있는 오해 즉, 남자가 천성적으로 여자보다 논리학과 수학에 강하다는 주장은 더 이상 사실이 아닙니다. 물론 몇몇 연구들은 논리수학의 기초가 여자아이들보다 남자아이들에게 더욱 강하게 형성되어 있다는 사실을 보여줍니다. 그리고 이러한 차이는 남성호르몬인 테스토스테론(testosterone)과 선뜻 관계지어집니다. 하지만 이러한 발견은 단편적인 사실을 알려줄 뿐 성별과 수학적 능력 사이의 논리적인 상관관계를 보여주지 못합니다.

남녀간의 수학적 능력 차이를 설명할 때 더욱 타당성이 있는 것은 바로 환경적 요인입니다. 실제로 남자아이와 여자아이는 서로 다르게 교육받기 때문입니다. 자연과학은 항상 남성적인 영역으로 간주됩니다. 학교에서 자연과학 관련 과목들은 줄곧 남자아이들의 차지가 되며, 남자아이들은 여기에 보다 많은 시간을 할애하게 됩니다. 이러한 과정에서 남자아이들은 더 많은 시행착오와 더 많은 보살핌을 통해 수학적인 능력을 키워나갑니다. 부모들은 특히 취학전의 여자아이들도 논리수학적 사고를 위한 적절한 자극이 필요하다는 것에 주의를 기울여야 합니다.

우리 아이가 학습장애?

우리는 요즘 보도를 통해 초등학생들 사이에게 학습장애가 점차 증가하고 있다는 사실을 알고 있습니다. 특히 초등학교 3, 4학년 아이들에게서 학습장애가 빈번하게 출현하고 있습니다. 이러한 학습장애에 대해 일반적으로 정의된 내용은 없습니다.

수학분야에서는 계산능력의 부족 혹은 계산장애(dyscalculia)가 문제시되고 있습니다. 놀라운 것은 계산능력이 부족한 아이들이 다른 과목에서는 좋은 성적을 보이거나 최소한 중간 수준을 유지한다는 점입니다. 오로지 수학에서만 어려움을 보이는 경우입니다. 이는,

✓ 구별하여 인식하기의 어려움

✓ 상상력과 방향 잡기의 어려움

✓ 수량 파악과 수량 비교의 어려움

✓ 숫자 세기와 숫자 개념 이해의 어려움

✓ 추상적인 사고의 어려움

등을 포함합니다.

계산능력이 부족한 아이들은 또래보다 지능이 떨어지거나, 멍청하거나, 게으르지 않습니다. 오히려 그 아이들은 종종 나름대로 적절한 논리를 갖추고 자신만의 계산방식을 찾아냅니다. 이런 아이들에게는, 올바르고 효과적인 수학적 방법을 신중하게 제시해줘야 합니다. 이런 종류의 학습장애는 소수의 아이들이 갖고 있는 선천적인 장애이거나 발달의 문제(지적장애)일 수 있습니다. 하지만 대부분의 경우 그 원인을 가정, 사회, 학교 등 환경에서 찾을 수 있습니다.

가정과 사회, 학교와 같은 환경들은 지난 수십 년 간 크게 변해왔고 이에 따라 아이들의 발달에 영향을 미칠 수 있는 조건들 역시 변했습니다. 요즘 아이들은 예전처럼 자연에서 얻을 수 있었던 중요한 경험들을 하기 어렵습니다. 부모들과 함께 보내는 시간도 줄어들었습니다. 오늘날 가정의 생활방식은 바쁜 삶, 스트레스, 과도한 TV 시청, 부족한 학습 동기, 게임기와 컴퓨터 등이 지배하고 있습니다. 학교에서는 종종 성적에 대한 압박과 열악한 학습조건들이 문제시됩니다. 이러한 환경 속에서 아이들은 운동 부족, 동기 부족 그리고 집중력장애에 빠질 수 있습니다.

만약 아이가 첫 번째 수학 수업을 따라가지 못하면, 당장 어려움이 시작됩니다. 그 결과로 불안, 성적 하락, 우울증, 그리고 사교적 문제들이 발생합니다.

아이들에게는 수학적 사고를 계발시키기 위한 경험이 필요합니다. 우리는 아이들에게 놀이 상황과 학습 상황을 제공함으로써, 그리고 그들을 주의 깊게 관찰함으로써, 그들이 어려워하는 영역을 찾을 수 있습니다. 이러한 영역에 대해 용기를 북돋는 것은, 아이들이 성적에 대한 압박에 시달리지 않는 한, 그 어려움을 극복할 수 있도록 도와줍니다. 여기에서도 역시 중요한 것은 예방조치, 즉 격려의 순간을 놓치지 않고 그때그때 아이를 칭찬해주는 것입니다.

논리수학적인 사고는 타고나는 것이 아닙니다. 타고난 재능이나 자질만으로는 충분치 않습니다. 피아노 연주 혹은 장기 놀이와 마찬가지로 재능보다는 연습의 결과입니다. 그러므로 아이들에게 호기심, 관심, 발견과 탐구의 즐거움 그리고 자신의 능력과 가능성에 대한 신뢰가 있다면, 누구나 수학을 잘할 수 있습니다.

놀면서 논리수학 능력 키우기

즐겁게 감각적으로 수학을 익히는 것은 가능합니다.

논리수학은 학교에서 처음 요구하는 것이 아닙니다. 우리는 일상에서 매일 논리수학과 마주칩니다. 돈을 세고, 시계와 운행시간표를 읽고, 무게를 재고 측정하고 예측합니다. 하지만 우리는 이러한 사실을 의식하지 못합니다.

아이들도 크기, 형태, 순서, 정리, 수와 같은 영역에서 많은 경험들을 쌓습니다. 특정한 수학적인 원리들은 이러한 경험들과 연관지어질 수 있습니다.

성공적인 학교생활은 취학전에 아이들이 수학적인 분야에서 얼마나 많은 예비지식을 발전시켰는가에 크게 좌우됩니다. 그러므로 논리수학은 가능한 한 일찍 일상생활 속에서 자연스럽게 학습되어야 합니다. 그러한 것은 놀이에서 그리고 일상적인 과제 처리 과정에서 가장 잘 이루어집니다.

아이들에게 놀이와 학습은 같은 것입니다. 아이들은 놀

면서 중요한 능력들을 키워갈 수 있습니다. 아이들은 강요받지 않고서도 스스로 학습을 할 수 있습니다.

아이들은 움직임을 좋아합니다

학습은 정적인 과정이 아닙니다. 움직임은 학습에 있어서, 특히 취학전 아이들에게 필수적입니다. 아이들은 움직임이 학습의 전제조건이라는 것을 알고 있는 것처럼 보입니다. 왜냐하면 기회가 있을 때마다 달리고, 뛰고, 뛰어오르고, 춤추고, 체조를 하기 때문입니다. 그것은 자연스런 일입니다. 왜냐하면 인간에게 움직임에 대한 욕구는 타고나는 것이기 때문입니다.

앞으로 소개될 대부분의 놀이는 이런 움직임과 관련이 있습니다. 놀이들은 자연스러운 운동에 대한 욕구에 맞춰져 있습니다. 물론 조용히 집중을 해야 하는 단계도 필요하며 그에 상응하는 놀이들이 있습니다. 어떤 상황에서 어떤 놀이가 가장 적합할지는 여러분이 판단해보세요.

여러분은 아이들의 능력에 따라 놀이기구나 난이도를 조정하여 변화를 줄 수 있습니다. 즐거움과 동기를 유지하기 위해서는 과도한 요구나 지루함을 피하는 것이 매우 중요합니다. 여러분 아이도 차분히 함께 결정에 참여할 수 있도록 해 보세요.

말은 곧 사고(思考)

아이들은 상황에 대한 인식과 연관성, 공통점과 차이점에 대한 이해를 언어적으로 표현해야 합니다. 말로 표현하는 것은 상호간의 이해를 돕습니다. 학교생활에서 대화는 또래나 선생님과 과제를 해결할 때 중요합니다. 아이들은 자기가 관찰하고 경험한 것 그리고 통찰을 정확하게 표현하는 법을 배우면서 언어능력을 발달시킵니다.

이러한 언어적 표현능력의 중요성에 근거하여, 수학적인 사고의 발달을 위해 중요한 언어 개념들은 따로 정리했습니다(→'관련 언어표현들'). 각각의 상황에서 가능한 한 자주 언어적으로 이해하고 표현할 수 있도록 도와주세요.

총체적 접근

어떤 놀이를 할 때 주로 요구되는 능력이 있습니다. 그럼에도 불구하고, 한 가지 놀이에서 종종 두 가지, 심지어 세 가지의 상이한 능력들이 함께 작용하는 것은 매우 자연스러운 일입니다. 즉, 아이가 '색'을 기준으로 블록을 정리할 때, '형태'라는 기준을 정하지 않았음에도 모양의 상이함을 동시에 파악합니다. 아이들은 대상물들을 동시에 여러 기준에 따라서 정리할 수 있습니다. 자극이 다양할수록, 아이들은 더 빨리 그리고 더 깊이 있게 논리수학을 배울 수 있습니다.

사물의 특징에 대한 탐구

아이들은 기꺼이 상이한 놀이 재료들을 탐구합니다. 이

때 아이들은 보고, 듣고, 느끼고, 냄새 맡고, 맛을 보는 등 모든 감각을 사용합니다. 아이들은 이를 통해 재료의 특징과 속성을 파악하고, 변별하며 묘사하는 법을 배웁니다. 이것은 사물을 구별하고, 정리하고, 올바른 순서대로 나열하는 것, 그리고 모델을 만드는 데에 도움을 줍니다.

아이들이 감각 중에서 가장 먼저 사용하는 것은 시각입니다. 아이들은 그들이 탐구하고자 하는 재료들을 눈으로, 즉 시각적으로 먼저 인지합니다. 수학적인 학습 또한 처음에는 무엇보다 시각적인 인지 메커니즘과 결합됩니다. 그것은 시각적인 자극을 인식하고 변별하는 능력을 말합니다. 이전 경험들의 연상을 통해서 시각적인 자극을 해석하는 능력이 발달합니다. 수학적인 사고의 형성을 위해서 중요한 것은 감각, 특히 시각적인 자극의 처리능력입니다. 놀이 재료의 탐구는 수학적인 능력과 상상력의 형성을 위한 기초를 만들어 줍니다.

관련 언어표현 : 크다/작다, 두껍다/얇다, 딱딱하다/부드럽다, 무겁다/가볍다, 시끄럽다/조용하다, 매끄럽다/거칠다, 따

뜻하다/차갑다 등.

예 : "이 깡통은 다른 깡통들보다 작고 무겁습니다."

- 잡동사니 모으기

단추, 뚜껑, 코르크 마개, 열쇠, 돌 등 재질이 서로 다른 작은 물건들을 상자에 담으세요. 그리고 여러분의 아이들이 이 물건들을 탐구하고 설명하도록 합니다.

일상에서는 아이들이 접하는 사물들 즉, 꽃잎, 돌, 동전, 뚜껑, 상자 같은 것들을 가지고 놀면서 그 특성을 설명할 수 있도록 유도하세요.

- 목욕 즐기기

욕조 안은 아이들이 사물들을 탐구할 수 있는 환상적인 공간입니다. 아이들에게 코르크 마개, 헝겊으로 만든 공, 솜조각, 숟가락, 플라스틱 컵, 클립 같은 여러 가지 물건을 주세요. 어떤 것들이 물에 뜨고, 어떤 것들이 가라앉죠? 물건들이 젖으면 느낌이 어떨까요? 아이들은 금세 바빠질 것입니다.

– 숲속에서

함께 숲을 산책할 때, 아이들은 주변의 나무와 꽃에 관심을 가질 수 있습니다. 그러면 아이들에게 이들의 다양한 형태와 색깔 그리고 크기에 대해 설명합니다. 모든 나뭇잎들의 촉감이 같을까요? 어떤 열매는 딱딱하고 작지만 어떤 열매는 쉽게 부서집니다. 나무줄기에 대해 설명할 수 있나요? 저 앞에 있는 나무줄기는 매끄럽습니까 아니면 거칠고 뻣뻣합니까? 혹시 길쭉한 홈이 있나요? 모든 나무는 딱딱한가요 아니면 부드러운가요? 저 나무는 어떤 색이죠? 질문은 아이의 생각을 키워줍니다.

분류하기/배열하기

유사점과 차이점에 따라서 사물을 배열하는 것은 후에 학교에서 배울 수학적인 개념의 중요한 기초가 됩니다. 아이에게 특정한 사물을 분류할 수 있는 자신만의 기준을 찾을 수 있도록 하세요. 아이가 스스로 생각해내지 못할 때에만 힌트를 주세요. 이러한 과정은 아이들에게 창의적인 사고와 행동을 길러줍니다.

아이들은 수수께끼를 좋아합니다. 배열하기는 수수께끼와 같은 것입니다. 여러분이 먼저 어떤 기준에 따라 대상물을 배열하고, 아이에게 어떤 특징에 따라서 배열되었는가를 알아내도록 합니다. 예를 들어, 여러분은 블록을 모양에 따라 세모, 네모, 동그라미 순으로 배열했을 수 있습니다. 다 되었나요? 이제 역할을 바꾸세요. 여러분의 아이는 분명히 그 이상을 해낼 겁니다. 아마도 모양뿐 아니라 크기나 색깔에 따라서도 배열할 것입니다.

아이들은 이러한 놀이를 통해서 주어진 배열에서 규칙성을 찾아내는 것을 배웁니다. 그렇게 하고 난 후에야 비로소 아이들은 기존의 배열을 없애고, 그 물건들을 다른 기준에 따라서 새롭게 배열할 수 있는 것입니다. 복잡한 산술연산의 규칙을 이해하고 계산 순서를 바꾸어 바른 답을 찾는 등의 과정에서 이러한 능력은 필수적입니다.

관련 언어표현 : 똑같다, 비슷하다, 상이하다, 다르다, 합치

다, 그룹, 크기, 형태, 색깔 등.

예 : "여기 2개의 손수건은 서로 다릅니다. 즉, 색깔이 같지 않습니다."

– 청소하기

옷장 청소를 준비하고 있나요. 이번 기회에 여러분의 아이들과 함께 옷가지들을 정리해보세요. 옷가지들은 그 종류, 크기, 색, 입는 목적, 계절과 기온에 따라서 나눌 수 있습니다. 혹시 여러분의 아이가 다른 기준을 찾아냈습니까? 그렇다면 즉시 칭찬을 해주세요.

– 장본 물건 정리하기

아이와 함께 장을 보고 난 후, 사온 물건들을 제자리에 놓도록 해보세요. 냉장고에 넣어야 할 것, 식탁 위에 놓아야 할 것, 욕실로 가야할 것, 창고에 보관해야 할 것 등 물건들을 용도에 따라 정리하는 것은 필요할 때 바로 찾을 수 있도록 하는 데 매우 중요합니다.

냉장실에는 어떤 물건을, 냉동실에는 어떤 물건을 넣어야 합니까? 통조림과 작은 박스들은 각각 어디에 갖다놓아야 합니까? 이러한 방식으로 여러분의 아이가 여러 가지 생필품을 어떤 장소에서 찾아야 할지를 알게 된다면, 케이크를 만들 때 여러분에게 밀가루, 계란 그리고 마가린을 가져다줄 수 있을 겁니다.

– 단추 찾기

단추 찾기는 특히 하위범주 개념을 형성하는 데 좋습니다. 우선 단추들을 2개의 그룹, 즉 구멍이 2개인 단추와 구멍이 4개인 단추로 분류합니다. 이어서 각 단추 그룹에서 하위 그룹을 만듭니다. 하위 그룹 분류의 기준은 크기, 형태 혹은 두께일 수 있습니다(구멍이 2개이면서 큰 단추와 구멍이 2개이지만 작은 단추 등). 이렇게 나눈 하위 그룹은 다시 색깔에 따라서 나눌 수 있을 것입니다. 이런 활동을 통해 여러분의 아이들은 단추들이 특징에 따라서 얼마나 다양하게 분류될 수 있는지를 알게 됩니다. 이러한 활동을 통해 집합과 부분집합의 원리를 이해할 수 있습니다.

– 하나가 맞지 않아요

4개의 사물을 모아보세요. 이중 3개는 속성이 같고, 나머지 하나는 달라야 합니다. 여러분의 아이들은 이들 중에서 어떤 게 그룹에 속하지 않는지를 판단하고 설명해야 합니다. 예를 들어 3개의 수저와 1개의 티스푼이 있습니다. 이때 티스푼은 다른 것들보다 작거나 용도가 다르므로 여러분의 아이는 자신있게 "이건 이 그룹에 속하지 않아요"라고 말할 수 있을 것입니다.

– 체로 모래 거르기

아이들은 체로 모래 거르기를 좋아합니다. 그 과정에서 아주 고운 모래, 중간 크기의 모래 그리고 거친 모래를 분리합니다. 모래알의 크기를 조사하고, 상호 비교해봅니다. 모래들마다 느낌이 다른가요? 양동이에 쏟아 부을 때, 고운 모래와 거친 모래는 각각 어떤 소리를 냅니까?

– 동물원의 발견

동물원으로 나들이를 갔나요? 거기에서도 역시 수학적

인 놀이가 가능합니다. 아이들은 여러 특성에 따라서 동물들을 나눌 수 있습니다. 어떤 동물이 날 수 있고, 어떤 동물이 수영을 할 수 있죠? 어떤 동물이 2개, 4개 혹은 더 많은 수의 다리를 가지고 있습니까?

– 친구들의 공통점과 차이점

놀이터에 많은 아이들이 함께 놀고 있을 때, 아이의 생일날에 모여든 아이들 틈에서 여러분은 다양한 기준(예를 들면, 입고 있는 옷, 머리카락 길이, 키 혹은 나이)에 따라서 그룹 지어보도록 요구할 수 있습니다. 아이들의 머릿속에는 틀림없이 다양한 특징들이 떠오를 것입니다.

– 빨래집게 던지기

여러 색의 빨래집게와 같은 색의 그릇을 하나씩 준비합니다. 적당한 그릇이 없을 경우 빨래집게와 같은 색의 종이를 붙인 양동이나 상자로 대체할 수 있습니다. 이제 아이들이 거리를 두고 서서 빨래집게를 각 색깔에 해당하는 그릇에 던져 집어넣게 합니다. 아이들은 이 놀이를 하면서 눈과 손의 협응을 훈련합니다. 눈과 손의 협응능력이란 눈으로 대상을 파악하고, 인지한 것에 상응하여 손을 움직이는 능력입니다.

– 모든 과자가 다 같지는 않아!

여러 형태의 과자를 준비하세요. 그 중에서 몇 개를 접시에 담아 여러분의 아이에게 줍니다. 과자를 먹기 전에, 아이들은 형태나 맛(단맛 혹은 짠맛)에 따라서 분류해야 합니다. 과자는 파는 것을 종류별로 구입하거나 적당한 것이 없을 때는 직접 구워서 만들어볼 수도 있습니다.

– 벽돌과 블록

벽돌도 용도에 따라 다양하게 분류될 수 있습니다. 건축 현장에 가기가 쉽지 않다면 아이들을 위한 집짓기 블록놀이가 있습니다. 여러분의 아이는 어떤 기준으로 이 블록들을 나눕니까? 혹시 파란색으로만 쌓아올리거나 오른쪽이 둥근 블록으로만 이루어진 탑을 세우고 싶어합니까?

– 소리 구분하기

여러 가지 소리를 들려주세요. 인터폰 소리, 전화벨 소

리, 자동차 소리, 개 짖는 소리, 빗소리 등등. 여러분의 아이는 그 소리가 집에서 나는 것인지 집 밖에서 나는 소리인지 구별해야 합니다. 혹시 집 안은 물론 집 밖에서도 들을 수 있는 소리가 있습니까?

공간지각능력 계발

아이들은 공간적 관계를 탐구하면서, 방향과 위치에 대한 감각을 발전시킵니다. 자신의 위치 알기는 이후에 이루어질 수학적 과제 해결에 필요한 능력입니다.

관련 언어표현 : 위/아래, 안에, 위에/아래에, 옆에, 앞에/뒤에, 우선, 다음 번에, 마지막으로 등.

예 : "나는 의자에 앉았습니다. 내 오른쪽에 침대가 있습니다."

– 장애물 뛰어넘기

아이와 함께 장애물 뛰어넘기 코스를 만들어보세요. 장애물은 의자나, 책, 방석처럼 집에서 쉽게 구할 수 있습니다. 여러분의 아이는 장애물을 넘으면서, 현재 위치나 움직임을 말로 설명합니다. "식탁 아래로 기어들어 갔습니다, 의자 주위를 뛰어다닙니다." 날씨만 좋다면, 야외에서 해보는 것도 좋습니다.

– 원격조종 놀이

여러분의 아이가 원격으로 조종하는 인형의 역할을 맡습니다. 부모님은 아이에게 어떻게 움직여야 하는지 말로 지시하면서, 위치를 나타내는 단어들을 강조합니다. 여러분이 로봇처럼 말한다면, 효과는 한층 더 커질 것입니다. 예를 들면, "네 곰인형을 들어서 서랍장 위에 놓거라. 소방차는 침대 밑에 놓고, 책상 옆으로 가거라"라고 지시합니다. 그리고 역할을 바꿔보세요.

– 네가 못 보는 것은…

이 놀이는 아이의 눈을 감게 하고 여러분이 주변에 있는 물건을 말로 설명하는 것입니다. '나는 네가 못 보는 것을 보고 있다'라고 전제한 후 아이와 함께 놀이를 시작합니다. 놀이를 하면서 위치 관련 단어를 가능한 한 많이 사용하세요. 예를 들면, "나는 서랍장 위에, 꽃병 앞에 있는 동그란 것을 보고 있다. 그게 뭘까?"라고 말하는 것입니다. 이어서 역할을 바꿔 아이가 대상을 설명하게 합니다.

– 세 조각 그림

아이에게 접을 수 있는 종이를 한 장 줍니다. 그리고 세 부분으로 나눠 접으세요. 종이를 접은 후에 펼치면 위, 중간 그리고 아래 부분이 생깁니다. 이제 종이 위에 그림을 그리면서 공간과 위치에 대해 말합니다. 예를 들면, "나는 윗부분에 해를 그리고, 아래쪽에 집을 그립니다. 그러나 지붕은 중간에 있어야만 합니다"라고 말하는 것입니다.

– 등에 등을 맞대고…

아이와 여러분은 모양이 같은 블록을 똑같이 나누어 가집니다. 그리고 등과 등을 맞대고 앉으세요. 먼저 여러분이 무언가를 만들면서, 아이가 따라할 수 있도록, 지금 어떻게 하고 있는지를 구체적으로 설명하세요. 예를 들면, "나는 기다란 녹색 블록을 바닥에 깔아놓고, 그 위에 2개의 짧고, 둥글고 빨간 블록을 올려놓습니다"라고 말하는 것입니다. 설명을 마친 후 아이가 만든 블록을 확인해봅니다. 두 사람이 만든 작품이 똑같아 보이나요? 이제 역할을 바꿉니다.

– 눈을 감아요!

아이의 눈을 안대나 천으로 가립니다. 그리고 손을 잡고 집과 정원을 돌아다닙니다. 이제 잡은 손을 떼고 아이에게 말로 방향을 지시하세요. 원하는 곳으로 가기 위해서 아이는 여러분이 말로 지시하는 방향을 정확히 이해할 수 있어야 합니다. 예를 들면, "앞으로 가", "정면으로 뛰어", "제자리에 서서 뒤로 돌아", "오른쪽으로 계속 가"라고 말하는 것입니다. 이어서 역할을 바꾸어, 아이가 여러분에게 말로 지시합니다.

연속적인 규칙 발견하기

　연속적인 규칙은 자연에서, 음악과 노래가사, 우리가 입고 있는 옷 등에서도 흔히 찾을 수 있습니다. 아이들은 연속적인 규칙을 발견하고, 그것을 모방하고 확대합니다. 자신의 규칙을 만드는 것은 아이들에게 큰 기쁨입니다.

　규칙을 파악함으로써 순서라는 개념을 발달시킬 수 있습니다. 이러한 개념은, 나중에 숫자의 순서나 홀수와 짝수 같은 개념을 이해하기 위해 필요합니다.

관련 언어표현 : 시작, 끝, 다시, 이미, 후에, 다음, 다음 번에 등.

예 : "나는 다음 번에 다시 녹색 블록을 올려놓아야 합니다."

– 규칙적으로 나열하기

여러분은 여러 가지 물건들을 일정한 규칙에 따라 책상 위나 바닥에 순서대로 나열할 수 있습니다. 예를 들면, 색연필 · 블록 · 숟가락 · 색연필 · 블록 · 숟가락과 같은 보기를 제시하고 아이에게 따라하도록 해보십시오.

– 식탁 준비하기

식탁을 식탁보로 덮으십시오. 이제 여러분의 아이는 함께 식사할 사람들을 위해 접시, 냅킨, 칼, 포크, 숟가락 그리고 물잔을 동일한 규칙에 따라 나열합니다.

– 반복되는 리듬 듣기

아이와 함께 다양한 리듬에 맞추어 박수치고, 두드리고, 노래를 불러보세요. 그러면서 반복되는 리듬을 느낄 수 있게 합니다. 리듬악기로 사용할 수 있는 물건들을 활용해 다양한 레퍼토리를 만들어보세요.

– 꼬치 만들기

아이들에게 뾰족한 꼬치와 미리 준비한 재료들을 주세

요. 그리고 여러분을 따라 순서대로 재료를 꼬치에 끼웁니다 (예를 들면, 맛살-햄-단무지-오이 순서로). 물론 아이들이 자기만의 기준을 제안하고 여기에 맞춰 꼬치를 만들 수 있습니다.

– 하루 일과 말하기

일상 자체에도 반복되는 규칙이 숨어 있습니다. 아이가 잠에서 깨어난 뒤부터 점심식사를 하기까지 무슨 일이 있었는지 말하도록 해보세요. 일상의 세세한 활동들이 순서대로 전개될 것입니다. 예를 들면, '아침에 일어납니다-세수를 합니다-이를 닦습니다-아침식사를 합니다-옷을 입습니다-어린이집(혹은 유치원)에 갑니다-친구들과 함께 점심식사를 합니다……' 와 같이 말입니다. 어떻습니까. 당신의 아이는 오늘도 규칙적인 생활을 반복하고 있나요? 그렇다면 어제와 다른 일은 무엇인가요? 점심식사 후 집에 와서는 무엇을 했습니까?

일대일 관계 이해하기

일대일 관계란 사물이 서로 짝지어진 것을 의미합니다. 그것을 통해서 서로 비교될 수 있는 새로운 그룹이 생겨납니다. 일대일 관계에 대한 감각을 발전시킨다면, 아이는 숫자를 셀 때 실수를 하지 않을 것입니다. 왜냐하면, 더 이상 사물을 중복해서 세거나 빠뜨리지 않기 때문입니다. 그밖에도 아이들은 일대일 대응 관계를 이해하면서 3은 2보다 1이 많다는 것(2+1=3), 4는 3보다 1이 많다는 것(3+1=4) 등을 이해하기 시작합니다.

관련 언어표현 : 일대일, X에 대응하는 Y 그리고 Y에 대응하는 X, 쌍(雙), 보다 많은/보다 적은 등.

예 : "발에 맞는 신발과 신발에 맞는 발"

– 계란상자에 물건 담기

똑같은 모양의 작은 물건을 다섯 쌍 준비하십시오. 이제 여러분의 아이는 각각의 쌍을 10개들이 계란상자에 가져다 놓습니다. 물론 같은 짝을 마주보게 놓아야겠죠? 이 놀이는 물건의 가짓수와 계란상자를 추가함으로써 확대될 수 있습니다.

– 뚜껑 맞추기

뚜껑이 각기 다른 용기나 병을 준비합니다. 그리고 아이에게 각각 알맞은 뚜껑을 골라서 맞추도록 합니다. 뚜껑의 모양이나 크기로 난이도를 조절할 수 있을 것입니다. 집에 다양한 종류의 볼트와 너트가 있다면 비슷한 놀이를 할 수 있습니다.

– 윤곽 인식하기

집안에 있는 다양한 물건들, 그림을 그릴 펜과 종이를 준비합니다. 그리고 여러분이 준비한 물건들의 윤곽을 종이에 그립니다. 이제 아이들이 종이에 그려진 것과 일치하는 물건을 찾을 차례입니다.

응용 : 이번에는 두꺼운 종이 상자 뚜껑을 이용합니다. 먼저 뚜껑에 물건들의 윤곽을 그리고, 그 윤곽대로 오리세요. 그리고 아이에게 잘려나간 부분과 일치하는 물건들을 골라 상자 속에 떨어뜨리도록 합니다. 원활한 게임의 진행을 위해서라도 뚜껑을 물건의 형태와 크기에 맞게 잘라내도록 주의해야겠죠?

– 신발 골라내기

집에 있는 신발(끈이 있는 것)을 모두 모으고, 그중 절반 정도에서 끈을 뺍니다. 이제 아이들이 끈이 있는 신발과 없는 신발을 분리해서 생각할 차례입니다. 과연 끈이 있는 것과 없는 것 중 어떤 게 더 많을까요? 아이들은 이것을 파악하기 위해서 일대일 대응 관계를 이용해야 합니다.

형태 구별하기

아이들은 주변에서 많은 형태들을 발견할 수 있습니다.

그들은 삼각형, 사각형, 원 등의 형태를 인식하고 이들이 특정한 수의 변과 각을 가지고 있음을 배웁니다. 이러한 형태를 인식하고 명명하는 것, 다른 것들과 변별하는 능력은 기하학적 원리를 이해하는 기초가 됩니다.

관련 언어표현 : 변, 각, 원형, 타원형, 삼각형, 사각형, 둥글다, 휘다, 일직선 등.

예 : "직사각형의 식탁보 위에 둥근 접시를 올려놓습니다."

– 모양 찾기 여행

여러분이 직접 아이와 함께 집 안을 탐색하는 탐사대원이 됩니다. 특정 모양을 만족하는 사물을 찾아보세요. 단계적으로, 즉 둥근 물체, 삼각형 물체, 사각형 물체 순으로 실행할 수도 있습니다. 이방 저방 둘러보면서 아이들이 조건을 만족하는 물건을 찾아내게 하세요. 예를 들면, 부엌에서는 둥근 접시와 뚜껑을 찾을 수 있습니다. 욕실에는 둥근 스킨 뚜껑이 있고, 거실 벽에는 둥근 시계가 걸려 있습니다.

– 모양별 표지판 찾기

거리나 도로, 광장에는 다양한 모양의 표지판, 안내표시 등이 있습니다. 이들은 가리키는 내용만큼이나 형태도 제각각입니다. 그렇다고 해도 타원형의 교통표지판을 찾기는 어렵겠지요? 아이와 특정 형태의 표지판 찾기 내기를 해보세요. 아이는 금세 둥근 것, 세모난 것, 네모난 것 등을 구별하여 찾을 수 있을 것입니다.

– 실뜨기

여러분은 아이들과 실뜨기를 하며 삼각형, 정사각형, 직사각형, 사다리꼴, 마름모 같은 모양들을 만들 수 있습니다. 물론 정사각형을 만드는 방법도 다양하지요. 아이들 역시 아이들만의 방법으로 원하는 모양을 만들 수 있을 것입니다.

– 빵으로 만든 얼굴

바삭바삭한 빵 위에는 쉽게 여러 가지 것들을 올려놓을 수 있습니다. 둥근 빵 위에 둥글게 썬 소시지, 오각형으로 썬 토마토 혹은 별 모양의 오이 조각 등 여러 가지 다양한 모양의 재료들을 올려놓을 수 있습니다. 각각의 모양에는 몇 개의 변과 각이 있습니까? 피자를 만들 때도 해볼 수 있는 놀이입니다.

– 찰흙으로 모양 만들기

여러분의 아이들은 알고 있는 모든 형태를 찰흙으로 만들어야 합니다. 판판한 책상이나 바닥에서 작업을 하면 원형이든 삼각형이든 2차원적인 형태를 띠게 됩니다. 이것을 다시 손바닥에 올려놓고 비비거나 흙을 덧붙여 두껍게 만들면 3차원의 기하학적인 형체가 완성됩니다. 아이들은 찰흙 놀이를 하며 2차원과 3차원의 형태 차이를 느낄 수 있습니다.

– 빨대와 막대사탕

여러분의 아이는 기다란 빨대 3개로 간단히 삼각형을 만들 수 있습니다. 아이가 좋아하는 사탕을 이용해볼까요? 긴 손잡이가 달린 막대사탕을 이용하면 같은 방식으로 다양한 형태의 도형을 만들 수 있습니다. 이때 삼각형과 사각형의 차이는 무엇일까요? 아이가 변과 각의 차이에 대해 훌륭하게 대답했다면 이제, 먹는 것을 허락해도 좋습니다.

– 손과 팔로 도형 만들기

여러분의 아이는 손과 팔로 몇 가지 형태의 도형을 만들 수 있을까요? 팔만을 이용해서 원, 삼각형, 그리고 사각형을 만들 수 있습니까? 만약 당신과 손을 맞잡는다면 모두 몇 가지의 형태를 만들 수 있을까요?

– 삼각형 모여서 사각형?

만약 2개의 삼각형 블록을 마주 붙여놓으면 어떤 모양이 될까요? 아이들에게 여러 모양의 블록들을 주고 직접 해보도록 하세요. 일정한 모양의 도형이 조합을 통해서 새롭게 바뀌는 모습을 볼 수 있을 것입니다.

대안 : 직사각형의 슬라이스 치즈를 얼마나 다양한 형태로 자를 수 있을까요? 아이들의 상상력과 창의력 향상을 위해서, 칠교놀이(tangram)를 활용할 수도 있습니다.

– 퍼즐로 형태 만들기

두꺼운 종이로 된 사각형을 3~5개의 조각으로 자르세요. 이어서 아이가 그 조각들을 다시 모아 사각형으로 짜맞추게 합니다. 아이가 재미있어 하면 삼각형이나 원형으로도 시도해보세요.

– 사방치기

야외에서 활동하기에 적합합니다. 바닥에 놀이판을 그려놓고 함께 해보세요. 놀이를 하면서 아이에게, 놀이판의 모양이 삼각형과 사각형으로 조합되어 있다는 사실에 주목하게하세요. 중간에, 4개의 이등변삼각형이 모여 전체적으로 어떤 형태가 만들어졌습니까?

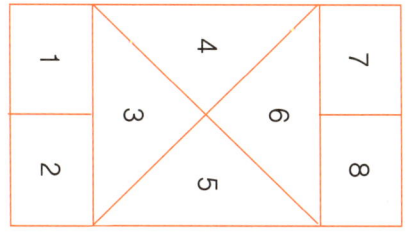

– 감각으로 형태 찾기

　　다양한 형태의 블록을 작은 자루나 상자에 보이지 않게 넣습니다. 그리고 각각의 블록모양을 카드에 하나씩 그리세요. 아이에게 카드를 보여주고, 손을 집어넣어 해당 모양을 찾아내게 하세요.

숫자 익히기

　　숫자와 수량에 대한 이해는 학교에서 계산을 하기 위한 기초가 됩니다. 많은 취학전 아이들이 이미 10, 혹은 그 이상의 수를 셀 수 있습니다. 그들은 어른들의 수 세기를 모방하고, 숫자의 순서를 암기합니다.

　　그럼에도 불구하고 숫자 암기는 수량과 숫자의 이해를 위한 전제조건이 아닙니다. 수를 잘 셀 줄 아는 아이들이라고 해서, 숫자 뒤에 숨은 크기와 양을 이해하고 있다고 말할 수는 없습니다. 그러므로 우리는 아이들이 숫자와 수량을 연관시키는 것에 유의해야 합니다. 이러한 숫자-수량 연결짓기는 추상적인 수 개념이 생길 때까지 계속해야 합니다.

　아이들이 어려워지지 않도록 우선은 1~5의 숫자를 제시합니다. 1과 2는 거의 모든 아이들이 일찌감치 사용하는 숫자들입니다. 아이들은 코와 입과 머리가 하나라는 것을, 그러나 손과 발, 그리고 눈은 2개라는 사실을 잘 알고 있습니다. 이제 아이들에게, 2는 1보다 1이 더 많다는 것을, 마찬가지로 3은 2보다 1이 더 많다는 것 등을 알려주세요. 그것은 다음과 같이 표현할 수 있습니다. "자, 보렴. 지금 너에겐 사탕 2개가 있지? 여기에 하나를 더하면, 이제 3개의 사탕이 되는 거야."

　아이들은 항상 숫자를 그에 상응하는 물건의 개수와 연관시킨다는 점에 유의하세요. 아이들은 그런 방식으로 사물의 수를 일일이 세지 않고서도, 순식간에 알아차릴 수 있다는 사실을 알게 됩니다. 수량을 실시간으로 파악하는 능력은, 훗날 학교에서 빠르고 확실하게 수량을 다룰 수 있게 해줍니다.

관련 언어표현 : 숫자, 수량, 더 많은/더 적은, 하나 더, 하나 빼고 등.

예 : "나는 콩사탕을 많이 갖고 있어요. 하나, 둘, 셋, 넷……."

– 계란상자 속의 숫자

계란상자의 홈에 일렬로 아라비아숫자를 '1, 2, 3……' 처럼 차례로 씁니다. 맞은편 홈에는 서로 다른 동물 스티커를 붙이세요. 이제 계란상자 안에 단추를 하나 넣고 뚜껑(없으면 만듭니다)을 덮습니다. 단추가 움직이도록 충분히 흔든 후 뚜껑을 열어 단추가 어느 홈에 들어갔는지를 확인합니다. 단추가 어느 한 숫자 위에 있다면, 아이는 그 숫자를 말합니다. 단추가 동물 스티커 위에 있다면, 그 동물의 울음소리를 흉내 냅니다.

– 놀이에서 수 세기

거의 모든 놀이에서 여러분의 아이들은 수를 셀 기회를 갖습니다.

예컨대 사물을 묶음으로 나눌 때 몇 개를 한 묶음으로 할 것인가를 정할 수 있습니다. 또는 앞서 소개한 '모양 찾기 놀이'를 할 때 각각 5개의 원형과 5개의 삼각형을 찾기로 할 수도 있습니다. 박수를 칠 때도 수를 셀 수 있고, 장애물 뛰어넘기에서도 장애물의 수를 셀 수 있습니다.

다만 이러한 놀이를 할 때 주의할 것은 처음부터 수 세기를 너무 강조해서는 안 된다는 점입니다. 우선은 다른 목표에 주의하여 실행하고, 아이가 익숙해지고 동의할 무렵 수 세기를 놀이의 또 다른 목표로 삼을 수 있습니다.

기억력과 집중력 향상시키기

여러분은 대부분 다음과 같은 말을 해보거나 들은 적이 있을 것입니다.

"아무것도 떠오르질 않아!"
"내 머릿속에는 지우개가 있는 것 같아."
"이런! 방금 그것을 잊어버렸어!"
"여전히 집중이 안 돼."

하지만 이러한 말들은 상황을 더욱 어렵게 만듭니다. 대신 다음처럼 말해보세요.

"잠시 후에 묘안이 떠오를 거야"
"잠깐, 곧 생각날 거야"
"잠시만 참아줘, 좀 더 기억을 더듬어봐야 해."
"이제 나는 이 문제에 완전히 집중할 수 있어!"

이러한 긍정적인 확언(affirmation)들은 우리의 무의식과 행동에 영향을 미칩니다. 여러분의 아이들도 이런 긍정적인 습관을 가질 수 있습니다. 긍정적인 표현 습관과 함께 다음과 같은 놀이들이 아이들의 기억력과 집중력 향상에 도움을 줄 것입니다.

– 내 가방은 내가 챙긴다

가족 모두와 '내 가방은 내가 챙긴다' 라는 놀이를 해보세요. 모두 원을 그리며 둘러앉습니다. 시작하는 사람이 먼저 "나는 가방을 챙기고 바지를 가져간다"라고 말합니다. 다음 사람은 앞사람의 말에 추가해서 "나는 가방을 챙기고, 바지를 가져가고, 책을 가져간다"라고 말합니다. 이런 식으로 1명씩 문장을 추가합니다. 분명 누군가는 혼란을 느끼고 우물쭈물하게 될 것입니다. 게임은 웃음소리가 커질 때까지 계속합니다.

- 기억력이 좋구나!

여러분의 아이들에게 기억해야 할 물건 4개를 순차적으로 보여주세요. 아이가 그것을 순서대로 연달아 말할 수 있습니까? 서서히 물건의 수를 늘리세요.

- 눈으로 찾는 미로

미로를 준비하세요. 책이나 잡지에서 오리거나 직접 그릴 수도 있습니다. 여러분의 아이들은 눈으로만 미로 속을 걸어서 바른 길을 찾아야 합니다.

- 뭘 사야 하지?

아이들과 함께 장보기 계획을 세워보세요. 기억력이 아주 뛰어나지 않다면 사야 할 물건들의 목록을 따로 적어놓아야 할 겁니다. 아이들에게 목록을 기억해서 사야 할 물건을 말하게 해보세요. 여러분의 아이는 자신의 기억력이 얼마나 좋은지를 보여주고 싶어할 것이고, 가능한 한 많은 물건들을 기억하려고 할 것입니다. 아이와 함께 장을 보고 오셨나요. 이제 사온 물건들과 적어놓은 목록을 비교해보세요.

– 불꽃 바라보기

촛불을 켜고, 아이가 작은 불꽃을 관찰하게 합니다. 여러분도 함께 하세요. 처음에는 1분 동안, 다음 번에는 좀 더 길게 촛불을 바라보세요. 아이의 집중하는 표정을 볼 수 있을 것입니다. 이 놀이는 아이들이 소란을 피운 후에, 조용한 휴식시간을 가지고 싶을 때, 효과적일 수 있습니다.

이상의 활동에서 쓰인 관련 언어표현을 사용해서 문장 만들기를 해보세요. 예를 들면 '더 많은'과 '더 적은'을 사용하여, '물건을 더 적게 살수록 더 많은 돈이 남습니다'와 같이 말하는 것입니다. 문장이 재미있을수록 아이들은 보다 쉽게 맥락 속에서 중요한 단어들을 기억하게 될 것입니다. 아이들이 문장을 만들 때 여러분은 그들의 기발한 아이디어에 감탄하게 될 것입니다. 만약 아이가 멋진 문장을 만들었을 때 칭찬을 해준다면, 아이는 관련 단어를 보다 잘 기억하게 될 것입니다.

물론 관련 표현이 직접적인 탐구와 행위를 대신하지는 못합니다. 하지만 수학적 사고를 풍부하게 해주며, 성공적인 학습을 위해 가장 중요한 조건인 기쁨과 웃음을 줄 수 있습니다.

아이들은 특히 또래와 함께 놀고, 공부하는 것을 좋아합니다. 아이의 생일 혹은 놀이모임은 아주 좋은 기회입니다. 아이들은 함께 즐겁게 놀면서 논리수학적 사고를 촉진시키는 능력도 발전시킵니다. 또한 공동으로 하는 놀이는 독립심과 자신감을 길러줍니다.

요 약

아이들에겐 처음부터, 수량과 숫자에 대한 관심을 일깨워주고 유지시켜줄 다양한 제안들이 필요합니다. 아이들은 일상의 사물들에 몰두하면서, 그리고 그들의 삶을 둘러싼 세계를 구체적으로 분석하면서 흥미진진한 수학의 세계를 발견하고 탐구합니다. 아이들이 수학과 친해지게 하려면 그들의 욕구와 능력 그리고 흥미에 주의를 기울여야 합니다. 아이들에게 과도한 요구를 해서는 안 됩니다. 적절한 자극이 아이들을 자연스럽게 수학의 세계로 이끌 것입니다.

당신은 수학을
어떻게 대하고 있는가?

아이들이 논리수학 능력을 습득하려면, 부모의 지원이 필요합니다.

막스와 사라는 저녁식사 시간에 부모님과 함께 식탁에 앉아 있습니다. 막스는 막 초등학교 1학년이 됐습니다. 사라는 이제 4살이 넘었고 오빠의 학교에 놀러가는 걸 좋아합니다. 사라는 학교에 가려면 아직도 멀었다는 사실이 서운하기만 합니다. 하지만 그녀는 이미 많은 것을 할 수 있습니다. 사라는 접시에 담긴 빵 조각을 세기 시작합니다.

하나, 둘, 셋, 넷, 다섯까지 세다가 하나를 먹습니다. 다섯 번째 빵을 먹고 나서 다시 세기 시작합니다. "하나, 둘, 셋, 넷, 여섯, 일곱……." 갑자기 막스가 킥킥거리며 웃기 시작합니다. 아빠는 사라에게 "다섯을 세는 것을 깜빡했구나. 넷 다음은 다섯, 그 다음은 여섯이란다"라고 알려줍니다. 사라는 이상하다는 듯이 아빠를 빤히 쳐다보며 "다섯 번째 빵은 내 뱃속에 있다구요"라고 말합니다. 막스는 더 크게 웃습니다. 아빠는 사라에게 "녀석, 네가 그 빵을 먹었다고 해서 숫자까지 빼버리면 안 돼. 그러면 합계가 틀려진단다"라고 설명합니다.

사라는 아빠의 말을 이해하지 못합니다. 사라는 "아빠, 합계가 뭐예요?"라고 되묻습니다. 아빠는 이제 조용히 식사를 하고 싶어집니다. 아빠는 다소 참을성 없이 "네겐 너무 어려운 말이구나. 지금은 몰라도 되니 어서 밥이나 먹어라!"라고 대답합니다.

식사 후에, 아이들은 잠자기 전까지 조금 더 놀아도 된다는 허락을 받습니다. 막스는 부엌 찬장에서 플라스틱 그릇을 하나 가져옵니다. 엄마에게서 단추 몇 개를 얻어온 막스는 수학놀이를 좀 더 하고 싶다고, 의기양양하게 선언합니다.

사라는 호기심으로 가득 차서 함께 놀이를 하고 싶어합니다. 사라는 엄마에게 가서 "엄마, 수학은 재밌어요?" 하고 묻습니다. 순간 엄마의 머릿속에는 학창시절 겪었던 '좋지 않은 수학의 추억'이 떠오릅니다. 그래서인지 엄마는 "아니! 수학은 아주 어려운 것이란다. 그걸 하기에 넌 너무 어려. 나중에 학교에 가면 오빠처럼 배우게 될 거야. 그러니까 지금은 그냥 예쁜 그림이나 그리도록 해라"라고 대답합니다. 사라는 실망합니다. 자기는 결코 어리지 않으며, 그림 그리는 일은 시시하다고 생각합니다.

거울 들여다보기

여러분은 무의식적으로 아이들이 수학을 대하는 사고방식에 영향을 끼칩니다. 불행하게도 이러한 영향은 많은 경우에 부정적인 결과를 초래합니다. 먼저 부모 자신의 수학을 대하는 태도와 수학적인 능력을 한번 점검해보세요.

부모를 위한 테스트

1. 당신의 학창시절 수학수업은 즐거웠습니까?

  ☐ 예   ☐ 아니오

2. 당신은 기꺼이 칠판 앞으로 나아가 문제를 풀었습니까?

  ☐ 예   ☐ 아니오

3. 당신은 수학 숙제를 도움 없이 스스로 해결할 수 있었습니까?

  ☐ 예   ☐ 아니오

4. 수학시간에 무언가를 잘해서 칭찬을 받았습니까?

  ☐ 예   ☐ 아니오

5. 당신은 수학시험 전에 기분이 좋았고, 시험을 잘 볼 수 있다는 자신감이 있었습니까?

  ☐ 예   ☐ 아니오

6. 수학시간에 새로운 주제로 넘어갈 때, 호기심이 생겼습니까?

  ☐ 예   ☐ 아니오

7. 당신은 퍼즐이나 난해한 문제를 풀기 위해 기꺼이 노력했습니까?

  ☐ 예   ☐ 아니오

B : 최근의 경험들에 대해

8. 당신은 가계부를 잘 정리할 수 있습니까?

☐ 예　　　　☐ 아니오

9. 당신은 수학이 여러분의 삶에 유익한 무언가를 제공했다고 생각합니까?

☐ 예　　　　☐ 아니오

10. 낯선 곳에서도 길을 잘 찾을 수 있습니까?

☐ 예　　　　☐ 아니오

11. 4인분 요리에 7인분 재료를 넣는 일이 자주 있나요?

☐ 예　　　　☐ 아니오

12. 당신은 자신의 물건을 잘 정리합니까?

☐ 예　　　　☐ 아니오

13. 당신은 이야기에서 묘사된 것을 잘 상상할 수 있습니까?

☐ 예　　　　☐ 아니오

14. 당신은 어떤 사건을 누군가에게 간결하고, 논리적으로 이야기할 수 있습니까?

☐ 예　　　　☐ 아니오

15. 여행을 하려고 합니다. 당신은 필요한 것을 간단하고 명료하게 준비할 수 있습니까?

☐ 예　　　　☐ 아니오

16. 아이가 무언가를 잘했을 때, 칭찬해줍니까?

   ☐ 예   ☐ 아니오

17. 아이가 집안의 여러 물건들을 가지고 놀고, 실험할 수 있도록 허락하십니까?

   ☐ 예   ☐ 아니오

18. 아이가 실수를 했습니다. 아이가 다시 시도할 수 있도록 격려해줍니까?

   ☐ 예   ☐ 아니오

19. 아이가 무언가를 빨리 해결하지 못할 때, 인내하면서 조용히 기다려줍니까?

   ☐ 예   ☐ 아니오

20. 아이가 스스로 물건을 정리하거나 세어보려고 할 때, 기뻐하십니까?

   ☐ 예   ☐ 아니오

21. 아이가 요리, 청소 그리고 쇼핑과 같은 일상적인 행위에 참여하도록 하십니까?

   ☐ 예   ☐ 아니오

평가

만약 당신이 A 부분에서 4개 이상의 질문에 "예"라고 답했다면, 수학에 대한 당신의 인식은 긍정적이라 할 수 있습니다. 만약 4개 미만의 질문에 "예"라고 대답했다면, 학창시절의 부정적인 경험이 현재에 영향을 미치고 있을 가능성이 있습니다.

만약 당신이 B 부분에서 최소한 4개의 문제에 대해 "예"라고 대답했다면, 학창시절의 긍정적인 경험의 덕을 보고 있거나, 예전의 부정적인 경험들로부터 벗어나서, 수학에 대한 긍정적인 접근법을 찾아낸 것입니다.

C 부분에서 3개 이상의 질문에 "예"라고 답했다면, 그것은 당신이 아이에게 수학에 대한 긍정적인 접근이 가능하게 하고 있음을 뜻합니다. 만약 대부분의 질문에 "아니오"라고 답했다면, 이제 수학에 대한 좋지 않은 기억에 종지부를 찍어야 할 때입니다. 여러분 자신의 태도를 반성하고, 아이들에게 수학을 좋아할 수 있도록 가능성을 열어주세요.

아이들의 특별한 사고방식

아이들은 어른과 다르게 사고합니다. 또한 어른들의 예상과도 다르게 사고합니다. 모든 아이들이 같은 방식으로도 사고하지 않습니다. 또한 상황에 따라 다르게 사고합니다. 왜냐하면, 그들은 바로 아이들이기 때문입니다.

어른들은 종종 이러한 사실을 인식하고 받아들이는 데 어려워합니다. 그것은 특히, 아이들의 능력에 대한 선입견에서 옵니다. 비록 아이들의 생각이 어른들의 예상과 다를지라도, 이를 인정하고 격려해야 합니다.

취학전 아이들도 대부분 논리적인 사고를 할 수 있습니다. 간혹 어떤 아이들은 사고방식이 너무나 독창적이어서 어른들이 이해하는 데 곤란을 겪기도 합니다. 앞서 사라가 '숫자 다섯을 먹었다'고 설명했을 때 사라의 아빠도 그 안에 숨어 있는 독창성을 깨닫지 못했습니다.

우리는 아이들 스스로 현상을 주의 깊게 살피고, 시행착오를 통해 해석과 해결의 방식을 찾아낼 수 있도록 격려해야 합니다. 아이들이 수학의 세계를 독립적으로 탐색하기 위해서는 그들이 수학의 세계로 초대받았다고 느낄 수 있어야 합니다.

수학에서 중요한 것은 숫자에 대한 감각과 능숙한 계산 능력을 계발하는 것입니다. 아이들에게 너무 일찍 공식을 가르치면 창의적 사고와 이해를 막을 수 있습니다. 스스로 탐색하는 아이들이야말로, 독립적으로 해결방식을 찾는 능력을 기반으로, 학교에서 수학을 더욱 잘 다룰 수 있습니다. 수학적인 사고는 정해진 답을 외우는 데서 나오지 않습니다. 스스로 원리를 적용해 결과를 도출하는 과정에서 길러집니다.

실수가 필요한 이유

어떤 아이도 어느 날 갑자기 뛰거나 말할 수 없습니다. 마찬가지로 한 번에 자전거를 타거나 논리적으로 생각할 수 없습니다. 잘할 수 있을 때까지 수없이 많은 시도를 해야만 합니다. 특히 새로운 것을 시도하고 있다면, 실수는 아주 당연한 과정입니다. 만약 아이들이 실수는 나쁜 거라고 일찌감치 인식하게 되면, 실수에 대한 공포가 생기고, 실수할지도 모를 시도 자체를 회피하게 됩니다.

앞서 사라는, 자신의 실수가 아빠를 기쁘게 하지 못했다는 것을 확실히 느꼈습니다. 만약 사라가 그러한 상황을 자주 겪게 된다면, 실수에 대한 공포를 키우게 됩니다. 공포는 새로운 시도를 가로막습니다. 그렇게 되면 사라는 더 이상 그녀의 생각을 발전시킬 수 없게 됩니다. 실수 없이 창조나 진보를 실현할 수는 없습니다. 마찬가지 이유로 실수를 저지르는 어느 누구도 신뢰받지 못한다면, 새로운 발견과 발명은 불가능하게 될 것입니다.

아이들의 실수 뒤에 숨어 있는 긍정적인 측면들을 이해하고 격려하는 것은 생각만큼 쉽지 않습니다. 여러분이 틀렸다고 생각하는 아이의 발언이나 행위들에 조심스럽게 반응하세요. 그리고 아이가 그때 무엇을 생각했었는지를 물어보시기 바랍니다.

아이의 생각에 대해서 경탄하고 칭찬하세요. 사라의 아빠는 "그래, 그러고 보니 사라! 네가 맞았어!"처럼 긍정적으로 반응할 수도 있었을 것입니다. 그리고 사라가 수를 세는 방법을 이해할 때까지 수 세기 놀이를 할 수 있는 기회를 주어야 했습니다.

아이들의 실수를 즉시 수정하려 해선 안 됩니다. 아이가 '교정(矯正)'을 받아들일 준비가 되었는지 여부에 따라서 개입을 결정하세요. 만약 준비가 덜 됐다면 기다리세요. 어른의 도움은, 적절한 순간에 주어져야 비로소 의미를 갖게 됩니다. 물론 아이 스스로 도움을 요청했을 때는 언제든 도움을 주어야 합니다.

아이들을 위한 조언

아이들이 논리수학 능력을 습득하려면, 부모의 지원이 필요합니다. 그렇다고 해서 부모가 '지식 전달자' 혹은 '설명하는 사람'의 역할만을 해선 안 됩니다. 아이들이 적극적으로 참여할 수 있도록 해야 합니다. 구체적으로 당신은,

✓ 아이들이 스스로 무언가를 발견할 수 있도록 수많은

자극과 기회를 지속적으로 제공해야 합니다.

✓ 아이들이 이미 습득한 경험과 능력들을 잘 적용할 수 있도록 용기를 북돋아야 합니다.

✓ 아이들이 알고 있는 것을 다른 방식으로 시도해볼 수 있도록 동기를 부여해야 합니다.

✓ 아이들이 자신의 실수로부터 무언가를 배울 수 있도록 지원해야 합니다.

여러분은 아이들에게, 그들을 진심으로 이해하려 한다고, 그들의 생각을 진지하게 받아들이고 있다고 느끼게 해야 합니다. 사라의 아빠처럼, 모든 것을 다 알고 있다는 식의 태도가 아니라, 아이가 필요로 할 때 이를 지원하는 파트너라는 태도를 가져야 합니다. 그래야 아이들이 어른의 도움으로, 때론 혼자의 힘으로 목적을 달성하는 중요한 경험을 할 수 있습니다.

실수는 아이들로 하여금 무언가를 배우기 위해서는 인내와 시간이 필요하다는 중요한 교훈을 줍니다. 실수는 일을 잘 처리할 수 있을 때까지, 더 나은 시도를 할 수 있도록 기운을

내게 해줍니다. 물론 실수가 이러한 역할을 하기 위해선 '힘들고 시간이 좀 걸렸지만, 결국 나는 해낼 수 있어!' 라는 자신감이 뒷받침되어야 합니다.

학습은 무엇인가 완성된 것을 넘겨주는 방식으로 이뤄지지 않습니다. 학습은 아이를 중심으로 이루어지는 일련의 과정입니다. 아이 스스로 노력과 시간을 들여 얻은 통찰만이 영원한 재산으로 남습니다.

부모를 위한 조언

사라의 아빠는 아이의 실수는 즉시 수정해줘야 하고, 무언가를 바로 이해하지 못하는 사람은 미숙하거나 멍청한 것이다라는 견해를 가지고 있습니다. 한편 엄마는 개입하지 않고 있습니다. 그러나 그녀 역시, 틀리는 것에 대한 두려움을 가지고 있습니다. 해서 사라에게 아직은 너무 어리고, 나중에 학교에 입학하면 배우게 될 거라고 설득합니다.

사라의 가족은 전형적입니다. 학생시절 수학수업에서 경

험한 부정적인 느낌을 아이들에게 전달한다는 점에서 말입니다. 어른들 중에는 수학이라는 말만 들어도 머리가 아파서 화제를 돌리고 싶어하는 사람이 많습니다. 때로는 다음과 같은 냉소적인 말로 화제를 피합니다.

- ✓ "나는 한번도 수학을 잘해본 적이 없어!"
- ✓ "모두가 아인슈타인처럼 될 필요는 없지."
- ✓ "수학은 정말이지 중요하지 않은 거야."
- ✓ "수학과목에서 10점을 받느니, 차라리 빈 답안지를 내는 편이 낫지."

만약 아이들이 부모로부터 위와 같은 말을 듣는다면, 무슨 생각을 하게 될까요? 은연중에 이런 부모의 생각을 이어받은 아이들은 최악의 경우, 다음과 같은 사고의 악순환을 일으키게 됩니다.

나는 아무것도 잘할 수 없어(나는 너무 어려/너무 멍청해) → 나는 수학에서 낙제했어 → 나는 수학이 두려워(왜냐하면, 낙제를 했으니까) → 나는 아무것도 잘할 수 없어……

이와 같은 악순환은 또 다른 문제를 일으킵니다. 이를테면 부모가 아이들이 자신감을 잃었을 때, 종종 너무 쉬운 문제를 내주거나, 과도한 도움을 줍니다. 그러면 아이는 부모님께 너무 많이 의존하게 되고, 스스로 성취하는 일은 점점 줄어듭니다. 그것은 또 다시 부모의 기대를 접게 만듭니다. 아이들은 도전을 위한 자극을 받지 못하고, 자기 능력을 발견할 기회를 완전히 상실하게 됩니다. 이러한 악순환을 통해서 아이들은 입학도 하기 전에, 수학과 불안정한 관계를 맺게 됩니다.

수학에 대한 긍정적인 태도는 학교에서만 생기는 것이 아닙니다. 그 기반은 취학전, 가정에서 부모를 통해 시작됩니다.

만약 당신이 어제까지 수학에 대한 부정적인 생각을 극복하지 못했다면, 지금이 새로운 기회입니다. 아이들과 함께 수학으로 가는 새롭고 긍정적인 기회를 가져보세요.

아이들과 함께 놀고, 실험하고, 철학적으로 사고해보세요. 선입견과 강박을 버리고 아이들의 새로운 관점에 대해 마음을 여세요. 함께하다 보면 오히려 당신의 아이들로부터 많은 것을 배울 수 있습니다.

　이를 통해 수학이 결코 소수의 선택된 사람들만이 몰두하는 무미건조하고, 추상적이며, 지루한 학문이 아니라는 확신에 도달할 수 있다면, 매우 다행스러운 일일 것입니다. 수학의 세계에서는 누구든 자신만의 접근법을 발견할 수 있고, 자기만의 방식으로 체험할 수 있습니다.

부모들은 아이들의 능력을 신뢰해야만 합니다. 모든 아이들은 잠재력이 있는 특별한 개체(個體)입니다. 아이들은 애정 어리고 사려 깊은 부모의 지원을 필요로 합니다. 아이들의 사고방식에 대해 열린 마음을 가져야 하며, 파트너로서 그리고 조력자로서 아이들과 함께 수학의 문을 여는 용기를 가져야만 합니다.